AF460792

HENRI GAUGAIN ET Cie,
RUE VIVIENNE, N. 2.

CATALOGUE

DES

TABLEAUX ET OBJETS D'ART

EXPOSÉS

DANS LE MUSÉE COLBERT

PENDANT

LE MOIS DE DÉCEMBRE 1829.

2e Exhibition.

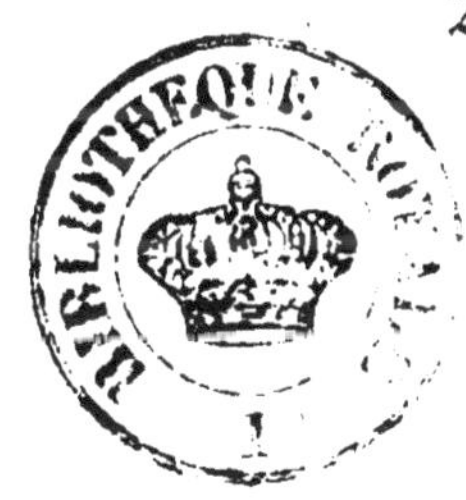

PARIS
IMPRIMERIE DE J. TASTU,
RUE DE VAUGIRARD, N. 36.
1829

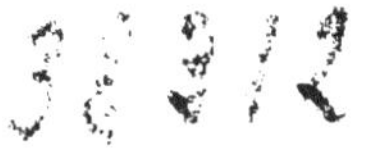

BONINGTON.

4. — Vue de Plage sur les côtes de Normandie.
5. — Vue du Palais des Doges à Venise.

M. INGRES.

6. — Œdipe.

Il écoute attentivement l'énigme que lui propose le Sphinx, et s'apprête à la résoudre.

(Ce tableau appartient à M. Gossuin.)

M. BOUILLON.

7. — La Sainte-Vierge.

M. DUBUFFE.

8. — Soldat blessé.

(Étude d'après nature.)

M. ROEHN PÈRE.

9. — Le Fou par amour.
10. — J'ai perdu!

M. FROSTÉ.

11. — Une Scène dans l'intérieur des cachots de l'Inquisition.

Un Inquisiteur lit à un condamné sa sentence de mort.

M. HUET.

12. — Un Paysage.
13. — Un Paysage.

M. EUGÈNE ISABEY.

14. — Un Paysage.

M. BOUTON.

15. — Le Prisonnier.

(Intérieur.)

M. L. BOULANGER.

16. — La Famille napolitaine.

17. — Le Frère du Barbier.
(Sujet tiré des *Mille et une Nuits.*)

18. — L'Albanais.

M. MAUQUÉ (Belge).

19. — Tableau d'Animaux.
Un cheval et deux vaches sur un fond de paysage.

20. — Tableau d'Animaux.
Deux vaches sur ur fond de paysage.

M. A. DEVÉRIA.

21. — Le Repos.

22. — Tête d'Archange.
(Aquarelle.)

M. GOYET.

23. — Héloïse et Abeilard.

24. — Une Jeune Fille vendue par un pirate.

M. SCHEFFER AINÉ.

25. — Portrait en pied du général La Fayette.

26. — La Mort de Géricault.

27. — Macbeth et les Sorcières.

28. — L'Antiquaire.

(Sujet tiré du roman de sir *Walter Scott.*)

M. DAGNAN.

29. — Un cadre de Paysage.

(Renfermant quatre études d'après nature.)

30. — Un cadre de Paysage.

(Quatre études d'après nature.)

MADEMOISELLE D'HERVILLY.

31. — Un Cadre.

(Renfermant quatre sujets tirés du roman de Gusman d'Alfarache.)

M. LANGLOIS.

32. — Bataille de la Moscowa.

Prise de la grande redoute.

M. E. DEVÉRIA.

33. — Une Courtisane du temps de Louis XIII.

34. — **Origine et fondation de l'ordre de la Toison d'Or.**

Philippe-le-Bon, duc de Bourgogne. Des courtisans avaient fait des plaisanteries sur la couleur des cheveux de sa maîtresse qui étaient roux ; il lui promit de les obliger à porter ses couleurs, et créa l'ordre de la Toison-d'Or.

M. VANHAUS.

35. — Un Paysage.

Vue prise dans la forêt de Compiègne.
(Effet de soir.)

M. LEPRINCE (Charles de Crespy).

36. — Offrande à saint Nicolas.

L'amant, caché derrière la chapelle, écoute l'invocation de sa maîtresse.

M. PARADIS.

37. — La sœur Marthe sauvant la vie à un déserteur.

En 1814, la ville de Besançon étant encore en état

de blocus, un soldat déserta pendant une sortie; repris bientôt et amené sur la place d'armes pour être fusillé, il allait être frappé du coup mortel, lorsqu'un bruit confus se fait entendre : c'était la sœur Marthe apportant la grâce du condamné.

M. LARIVIÈRE FILS.

38. — Deux Moines en méditation.

39. — Tableau envoyé de Rome.

(Sujet tiré des *Égloges* de *Virgile.* : *Formosum Pastor Corydon ardebat Alexim delicias Domini....*)

MADAME HAUDEBOURT-LESCOT.

40. — La Bonne Fille.

41. — La Bonne Mère.

MADAME ***.

42. — Derniers momens du général Foy.

Les personnages et l'appartement sont peints d'après nature.

M. HENRI SCHEFFER.

43. — Portrait de Madame P. G…

FEU XAVIER LEPRINCE.

44. — L'Ane chargé de reliques.

FEU REGNAULT.

45. — l'Éducation d'Achille.

(Esquisse terminée du grand tableau conservé au Musée royal du Luxembourg.)

M. VIGNERON.

46. — Talma à Brunoy.

FEU GÉRICAULT.

47. — Esquisse.

Passage d'une pièce de canon dans un ravin.

48. — Portrait d'un Carabinier.

Au coin du tableau est collé un papier portant une note autographe de Géricault.

M. COUTAN.

49. — Un Jeune Turc.

(Tête d'étude d'après nature.)

50. — Tête d'étude d'après nature.

M. MAILLOT.

51. — Saint Jean-l'Évangéliste.

Parvenu à une extrême vieillesse, l'apôtre de la charité n'adresse plus à ses disciples que de courtes exhortations qu'il termine toujours par ces paroles : « Mes chers Enfans, aimez-vous les uns les autres. » Un de ses auditeurs lui demande pourquoi il répète toujours la même chose : « C'est, répond-il, le précepte du Seigneur, et si vous l'accomplissez, cela suffit. »

FEU **HARIET**.

52. — Androclès.

M. PINGRET.

53. — La Mort de l'Orpheline.

54. — Portrait du Colonel ***.

M. CALET.

55. — Parga.

Les habitans de cette malheureuse ville, ne pouvant soutenir la guerre que leur faisait Ali, pacha de Janina, implorèrent le secours des Anglais qui promirent tout, entrèrent dans la ville et la vendirent aux Turcs.... Les habitans voulurent sortir de la ville; c'est ce moment que le peintre a choisi.

M. VINCENT.

56. — Vénus et l'Amour endormis.

57. — Tête d'étude d'après nature.

M. PIERRE LECOMTE.

58. — Laurent de Médicis.

Enfant subissant un examen de mathématiques. Il étonne ses professeurs par la justesse de ses réponses et la hardiesse de ses questions.

M. TONY JOHANNOT.

59. — La Sultane favorite.

M. HUET.

60. — Étude de Paysage d'après nature.

61. — Étude de Paysage d'après nature.

MADAME SAINT-OMER.

62. — Portrait du Docteur ***.

M. ROBERT LEFEBVRE.

63. — Portrait en pied de Napoléon.

M. SWEBACH.

64. — Le Coup de l'étrier.

MADEMOISELLE LAJOYE.

65. — Un petit Tableau dans le goût de l'École flamande.

66. — Un petit Tableau dans le goût de l'Ecole flamande.

M. CONSTABLE.

67. — La Marchande de poissons.

(Le paysage seul est de M. Constable, les figures sont de M. Fraser.)

M. MOZIN.

68. — Une Marine (vue de côte).

M. CIBOT.

69. — Histoire de la Grèce ancienne.

Une femme blessée dans le sac d'une ville, oublie

sa souffrance pour ne s'occuper que de son enfant qu'elle allaite. Elle craint que le sang qui coule de sa blessure ne se mêle à son lait.

70. — Deux Têtes de Femme.
(Étude.)

M. RONJOU.

71. — Tête de Jeune Fille couronnée de fleurs.

M. COURT.

72. — Femme italienne jouant de la mandoline.
(Étude d'après nature.)

73. — Jeune Femme couchée.
(Étude d'après nature.)

74. — Une Scène du Déluge.
(Étude envoyée de Rome.)

FEU BACLER D'ALBE.

75. — Bataille de Rivoli.

76. — Portrait du général Buonaparte.
(Peint d'après nature, en l'an V.)

M. C. ROQUEPLAN.

77. — L'Espion.

(Sujet tiré de Walter Scott, *Rob-Roy*.)

M. MOUCHY.

78. — Odalisque.

M. ABEL LORDON.

79. — La Levrette blessée.

80. — La Jeune Fille malade.

M. RONJON.

81. — Tête d'un Jeune Moine.

(Étude.)

M. PIERRE LECOMTE.

82. — L'Aumône.

MADAME DELORME.

83. — Les Feuilles de Saule.

(Sujet tiré des Poésies de madame Amable Tastu.)

M. DEJUINNE.

84. — Prédication dans l'intérieur de l'église Saint-Marc à Venise.

(Ce tableau appartient à M. Marcotte d'Argenteuil.).

M. SERRUR.

85. — Brunehaut.

Haïr et commander deviennent de si fortes habitudes pour le cœur de Brunehaut, que la Cour de Théodebert, où elle résidait, ne put souffrir ses injustices et ses excès. Un matin, les seigneurs austrasiens la surprennent dans son palais, lui commandent de quitter sa parure et de se couvrir de vêtemens grossiers. En cet état, ils la conduisent aux frontières de l'Austrasie et de la Bourgogne, sur les bords de l'Aube; là, ils l'abandonnent seule au déclin du jour.

Un jeune pâtre, descendant du coteau, s'arrête à

la vue de Brunehaut; il regarde avec pitié la reine qui faisait hier encore trembler la France sous ses lois.

Brunehaut passa la nuit au coin du foyer de ce pâtre, qu'elle appela dès l'aube du matin pour le prier de la conduire à Châlons, où son fils Thierry, roi de Bourgogne, la reçut en mère et en reine.

(Marchangy, *Gaule poétique.*)

86. — Fileuse.

(Costume du Bourbonnais.)

M. COLIN.

87. — Le Giaour vainqueur d'Hassan.

(Sujet tiré de *Lord Byron*).

Le sabre d'Hassan, brisé jusqu'à la garde, fume encore du sang qu'il a répandu. Sa main retient ce fer qui a mal servi sa vengeance. . . . .

. . . .

Il est étendu sur la terre, le visage tourné vers le ciel; son œil encore ouvert menace son ennemi, comme si la mort y avait laissé sa haine.

Cet ennemi est là qui le contemple; son front est aussi sombre que celui qui est couvert des ombres du trépas.

(Byron, *le Giaour.*)

88. — Robinson Crusoé.
89. — Faust et Marguerite dans le jardin.
(Sujet tiré *de Goëthe.*)

MADEMOISELLE EUGÉNIE LEBRUN.

90. — Portrait de Mademoiselle L. B.....

M. MEUNIER.

91. — Intérieur d'un Oratoire.

FEU **DAVID.**

92. — Pâris et Hélène.
(Esquisse du tableau conservé au Musée royal.)

M. FROSTÉ.

93. — Psyché.

MADEMOISELLE PAGÈS.

94. — Tête d'Etude de Femme.
95. — Don Juan et Haïdée.

M. SAINT-AULAIRE.

96. — Marine.

97. — Marine.

(Seppia.)

M. ZIEGLER.

98. — Chevalier mourant.

99. — Tête de Jeune Fille endormie.

100. — Un Duel au onzième siècle.

101. — Jeune Fille grecque portant un panier de fruits.

M. VAUDECHAMP.

102. — Tête d'Étude de jeune femme.

M. BARBOT.

103. — Les Ruines d'Agrigente.

MADEMOISELLE AMÉLIE COGNIET.

104. — Un Marin grec.

105. — Un Religieux.

M. E. DELACROIX.

106. — Le Lion et le Tigre.

107. — Le Combat du Giaour.

(Sujet tiré de *Lord Byron*.)

108. — Massacre de l'Evêque de Liége.

(Sujet tiré de Quentin Durward, roman de Walter Scott.)

M. GUDIN.

109. — Une Marine.

M. CONSTABLE.

110. — La Marchande de poissons.

(Le paysage seul est de M. Constable, les figures sont de M. Fraser.)

M. DELAROCHE (Paul).

111. — La Suite d'un Duel.

MADEMOISELLE DELÀVAL.

112. — Portrait de M. ***.

M. VALLON DE VILLENEUVE.

113. — La Nourrice.

M. L. BACLER D'ALBE.

114. — Un Paysage.

M. RACENEF.

115. — Vue d'une Plage.

M. E. DEVÉRIA.

116. — Jeanne d'Arc endormie dans sa prison.

On profite de son sommeil pour substituer des habits d'homme à ses vêtemens de femme déposés près de son lit.

117. — Jeune mère donnant des fruits à son enfant.

118. — La Sœur charitable.

Une sœur de charité prodigue ses soins à un soldat blessé.

119. — Le Départ.

M. LEPRINCE (Léopold).

120. — Un Paysage, vue prise près Torigny (Sarthe).

121. — Un Paysage, vue prise près Orléans (Loiret).

M. J. L. PETIT.

122. — Vue de l'île de Tunis, à Toulouse.

MADEMOISELLE EUGÉNIE LEBRUN.

123. — Jeune Paysanne se lavant les pieds.

M. COURT.

124. — La Nymphe conduite au bain par un jeune Faune.

M. DUPRESSOIR.

125. — Un Paysage.
(Vue prise à Livet.)

M. GAMAIN.

126. — Marine.
127. — Le port du Crotoy.
(A l'embouchure de la Somme).
Effet de soleil couchant.

M. SERRUR.

128. — Étude d'après nature.
129. — Tête d'un Tunisien.
130. — Le Mendiant.

M. SIGALON.

131. — Locuste essaie devant Narcisse, sur un jeune esclave, le poison préparé pour Britannicus.

Elle a fait expirer un esclave à mes yeux.

(Racine, *Britannicus.*)

M. ÉTIENNE DUBOIS.

132. — Portrait de M. ***.

M. JANRON.

133. — Portrait de l'auteur.

M. LÉPAULLE.

134. — Tête d'étude.
(Turc.)
135. — Étude d'après nature.
136. — La Petite Normande.
137. — Un Jeune Égyptien.

M. BELLOC.

138. — La Grèce. (Allégorie.)
Elle est représentée sous les traits d'une femme pleurant sur des ruines.

M. LEGENTIL.

139. — Vue d'un Moulin.

M. ZIEGLER.

140. — Etude de Paysage.
(Effet du soir.)
141. — Tête d'Israélite.

FEU GIRODET.

142. — Portrait en pied de Napoléon.

(Ce tableau est l'original sur lequel beaucoup de copies de l'époque ont été faites.)

143. — Huit Dessins originaux de Girodet.

(Représentant les Amours des Dieux.)

144. — Huit Dessins (comme l'article précédent.)

(Ces seize Dessins ont été lithographiés, et se trouvent chez E. Ardit, marchand d'estampes, successeur de H. Gaugain et Cie, rue Vivienne, n. 2.)

145. — La Baigneuse.

M. RONJON.

146. — La Sultane.

M. HUET.

147. — Plage sur les côtes de Normandie, à Cayeux.

148. — Marine (temps orageux).

M. BRÉMOND.

149. — Une Sultane.

150. — Un Philosophe du moyen âge.
151. — Portrait en pied de Mademoiselle ***.

MADAME DELISLE (VERDÉ).

152. — La Consultation.
153. — Scaron faisant une proposition de mariage à Mademoiselle Daubigné, depuis Madame de Maintenon.
154. — Louis XIV et Mademoiselle de La Vallière.

M. FRANQUELIN.

155. — La Baigneuse.

FEU GAUTHEROT.

156. — Pyrame et Thisbé.

(Sujet tiré des Métamorphoses d'Ovide.)

M. FEUGÈRES.

157. — Vue de Meudon.

(Promenade de S. A. R. monseigneur le duc de Bordeaux.)

M. E. DELACROIX.

158. — L'Arabe et son Cheval.

M. FRANCIS.

159. — Chienne et ses Petits (d'après nature).
160. — Deux Chiens d'arrêt sur un fond de paysage.
161. — Deux Chiens courans.

(Ce tableau appartient à M. de M***.)

M. TAUNAY.

162. — Un Paysage.

M. RAVERAT.

163. — Le Jeune Diacre de Messénie expirant.

Il chantait, il pleurait, quand d'une tour voisine,
Un Musulman s'élève : il court; il est armé;
Le turban du soldat sur son mousquet s'incline;
L'étincelle jaillit, le salpêtre a fumé,
L'air siffle, un cri s'entend.... L'hymne pieuse expire....

(Tiré des *Messéniennes* de Casimir Delavigne.)

164. — L'Amour adolescent.

165. — Jésus-Christ prédisant la ruine de Jérusalem.

« De tous ces bâtimens il ne restera pas pierre » sur pierre. »

(Tiré de la *Bible.*)

M. H. LANE.

166. — And Soldat tate of love.

(Lord Byron.)

M. FROSTÉ.

167. — Un Brigand napolitain menace une jeune femme de son poignard.

M. H. DELETANG.

168. — Charles VI arrêté dans une forêt par un Paysan qui, sautant à la tête du coursier du roi, lui dit :

« Roi, ne chevauche pas plus loin, retourne sur tes » pas ; tu es trahi. »

M. VALLIN.

169. — L'Été.
(Tête d'étude.)

170. — L'Automne.
(Tête d'étude.)

M. DUPEUX.

171. — Intérieur de Saint-Paul, à Londres.

FRANCK.

172. — Derniers honneurs rendus à Polynice.

Étéocle, vainqueur de son frère, ayant défendu, sous peine de mort, de lui rendre les honneurs funèbres, Antigone, aidée de quelques serviteurs fidèles, l'ensevelit en secret au péril de ses jours.

M. DE SAINT-MARTIN.

173. — Un Paysage.
(Vue de Royat, en Auvergne.)

174. — Paysage.
(Vue de Royat, en Auvergne.)

MADAME DEBAY JEUNE.

175. — Milton, devenu aveugle, dicte ses poésies à sa fille.
176. — Le Chevalier habillé en femme chez la marquise de B***.

MADEMOISELLE DE MONTEREAU.

177. — Scène du Barbier de Séville.
178. — *Id.*

M. CATRUFO Fils.

179. — Intérieur de l'Eglise de Saint-Germain-l'Auxerrois.)
(Côté de la chapelle de la Vierge.)

M. FÉLIX INEMER.

180. — Paysage.

MADEMOISELLE LAJOIE.

181. — Un Paysage.

MADAME COLIN.

182. — Marguerite seule pleurant l'absence de Faust.

183. — Marguerite contemplant les bijoux que Méphistophélès a déposés dans sa chambre.

(Ces deux sujets sont également tirés *de Goëthe.*)

MADAME DELAMARE.

184. — Millevoye.

M. REGNIER.

185. — Vue du rocher Saint-Jean et des coutelleries de Thiers, en Auvergne.

M. COLLIGNON.

186. — Marine.

M. BACCUET.

187. — Paysage d'après nature.

Me. ADRIENNE FAGUET.

188. — Un Paysage d'après nature.

M. SAINT-ROQUEMONT.

189. — Un Jeune Turc.

M. ZIÉGLER.

190. — Henri II et Diane de Poitiers.

M. ANTOINE MOINE.

191. — Paysage d'après nature.

M. VANDER-BURCH.

192. — Une Chapelle près d'Avignon.

On voit dans le fond l'ancien château des Papes.

193. — Eglise de Tréport, en Normandie.

On voit dans le fond le château de S. A. R. le duc d'Orléans.

M. ANSIAUD.

194. — Vénus et Adonis.

M. ***.

195. — Ulysse vainqueur au jeu du disque.

M. H. HAUTAN.

196. — François Ier.

François Ier, après avoir obtenu l'aveu des amours de sa maîtresse, jette une bague d'un grand prix dans le lieu où il venait d'être heureux, en disant : « Celui qui passera y trouvera aussi le bonheur. »

M. ***.

197. — L'Esclave vendue.

M. LESAGE.

198. — Sultane et Favorites dansant dans le harem devant le chef des eunuques noirs.

M. SERRUR.

99. — Intérieur d'une Étable.

M. ZIÉGLER.

200. — Vue de la Fontaine de la Croix-de-Pierre, à Rouen.

M. E. DELACROIX.

201. — Portrait de Madame *****.

M. AMÉDÉE FAURE.

202. — Un Paysage d'après nature.

M. BESSA.

203. — Aquarelle sous verre.
Orange et Cédrat avec sa fleur.

MADAME R. DE V***.

204. — Portrait en pied du général Foy, d'après nature.

M. SERRUR.

205. — Une Jeune Femme Grecque poursuivie par un Turc.

M. MASSÉ.

206. — Jeune fille lisant.
(Tête d'étude d'après nature.)

207. — Un Enfant malade.
(Dessin au pastel.)

MADEMOISELLE ALEXANDRINE DELAVAL.

208. — Le Pouvoir de la Musique.

M. PERNOT.

209. — Un Cadre. Paysages d'après nature.
(Sépia et aquarelle).

MADEMOISELLE FANNY ROBERT. S. M.

210. — Un dessin sous verre.
(La Madeleine d'après le tableau original du Corrège.)

M. GODEFROY.

211. — Paysage d'après nature.

(Mine de plomb.)

212. — Une Aquarelle.

(Paysage d'après nature.)

M. BESSA.

213. — Aquarelle sous verre.

Un Grand-Duc déchirant une Pie.

M. BOULANGER.

214. — Le Cardinal de Richelieu jouant avec ses chats.

(Sujet tiré du roman de Cinq-Mars, par M. le comte Alfred de Vigny.)

M. THÉNOT.

215. — Entrée d'un cloître (aquarelle).

M. VILCOUR.

216. — Vue de Suisse.
(Aquarelle.)

217. — Vue de Suisse.
(Aquarelle.)

M. LEVASSEUR.

218. — Un Cadre de neuf aquarelles et sépia.

M. THEVENET.

219. — Un Cadre contenant trois miniatures.

MADEMOISELLE DUFOUR.

220. — Portrait de Mlle S***.
(Robe bleue. Miniature.)

221. — Sainte Geneviève.
(Miniature.)

MADEMOISELLE ATH. LEGRAND.

222. — Portrait de M. ***.
(Miniature.)

M. DAVID, SCULPTEUR.

223. — Six Portraits en bronze coulés par Richard.

224. — *Idem.*

MADEMOISELLE DUFOUR.

225. — Portraits en pied de Mlles C***.

MADEMOISELLE ATH. LEGRAND.

226. — Le pape Pie VII.
(Peinture sur porcelaine.)

227. — Tête d'Enfant.
(Miniature.)

MADEMOISELLE DUFOUR.

228. — Portrait de Mlle M***.
(Robe blanche.)

M. BIFFELT.

229. — Trois Portraits d'homme sous le même numéro.

M. GUILLEMOT.

230. — Le Jugement dernier.

(D'après Michel-Ange).

Cet ouvrage, lithographié publié par livraison, se se trouve chez M. Ardit, successeur de H. Gaugain et Comp., rue Vivienne, n. 2.

M. BIARD, PROFESSEUR DE DESSIN,

Rue de Grenelle-Saint-Germain, n. 52.

231. — Dessin d'une Vierge.

(D'après Raphaël).

Exécuté à Londres, d'après l'original conservé dans la galerie de lord Stafford.

FEU ANTOINE MORO.

232. — Élisabeth, reine d'Angleterre.

Ce portrait est celui envoyé par cette princesse à lle à Henri IV.

M. MAILLOT.

233. — Esquisse d'un saint Jean.

Ce tableau est peint entièrement sur une pellicuel d'huile.

M. TANNEUR.

234. — Une église ruinée des environs de Calais.

Exécutée en liége.

Cet ouvrage sera le dernier de ce genre sorti des mains de l'artiste.

M. FINELLI, Sculpteur italien.

235. — Une Vénus en marbre blanc.

M. JACQUOT.

236. — L'Amour aux deux flèches.

(Sculpture.)

feu HOUDON.

237. — Masque de J.-J. Rousseau, moulé sur nature, par M. Houdon, quelques heures après sa mort.

(Ce morceau unique appartient à M. Gossuin.)

M. DOINMIQUE MOLCHNECHT.

238. — Sainte Catherine.

(Sculpture.)

FEU GIRODET.

239. — L'Hymen.
(Dessin.)

240. — La Fécondité.
(Dessin.)

M. FRAGONARD.

241. — Psyché offrant des présens à ses sœurs.
(Dessin.)

M. J. VILLE.

242. — Un dessin sous verre, scène de Brigands.
(Dessin.)

243. — L'Accordée du village.

M. FRAGONARD.

244. — Offrande à la beauté (Allégorie).

DESSINS CHINOIS.

245. — Six Dessins originaux.

FEU RAPHAEL MENGS.

246. — Le Plaisir.
247. — L'Innocence.

(Ces deux têtes au pastel passent pour le chef-d'œuvre du maître.)

www.ingramcontent.com/pod-product-compliance
Ingram Content Group UK Ltd.
Pitfield, Milton Keynes, MK11 3LW, UK
UKHW021036180726
13838UKWH00004B/1844